Impressum
Verlag: BABADADA GmbH, Nedderfeld 112 , 22529 Hamburg
Geschäftsführer / Verlagsleitung: Harald Hof
Druck: Books on Demand GmbH, In de Tarpen 42, 22848 Norderstedt

Imprint
Publisher: BABADADA GmbH, Nedderfeld 112 , 22529 Hamburg, Germany
Managing Director / Publishing direction: Harald Hof
Print: Books on Demand GmbH, In de Tarpen 42, 22848 Norderstedt, Germany

School
escola

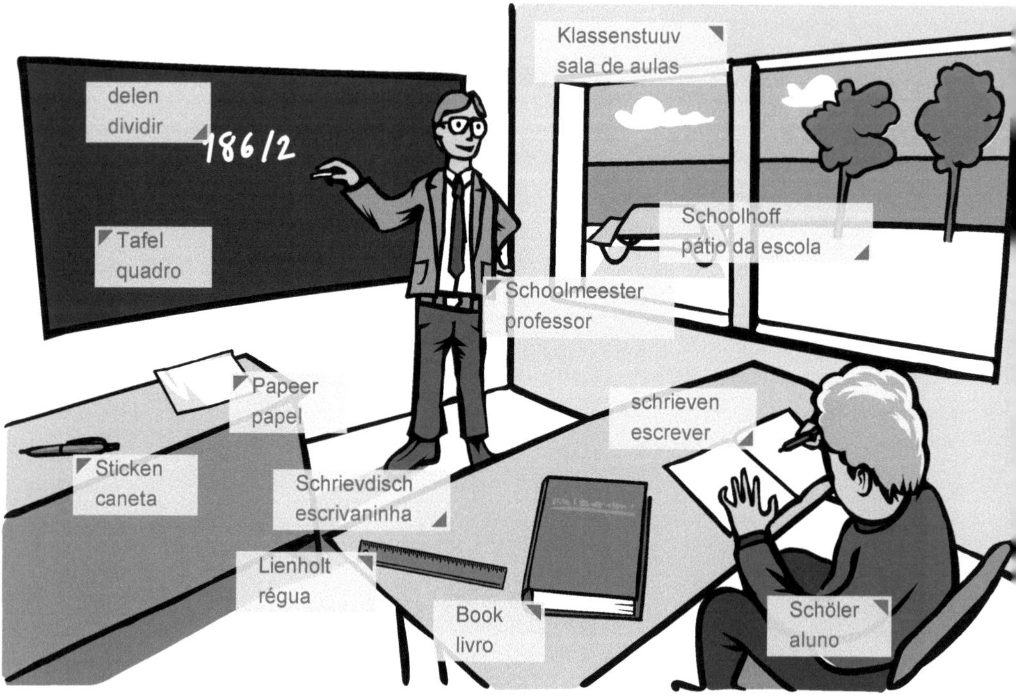

Klassenstuuv
sala de aulas
delen
dividir
186/2
Tafel
quadro
Schoolhoff
pátio da escola
Schoolmeester
professor
Papeer
papel
schrieven
escrever
Sticken
caneta
Schrievdisch
escrivaninha
Lienholt
régua
Book
livro
Schöler
aluno

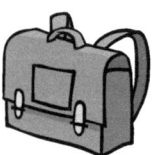

Ranzel

sacola

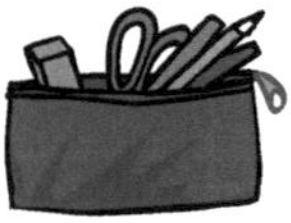

Feddermapp

estojo de lápis

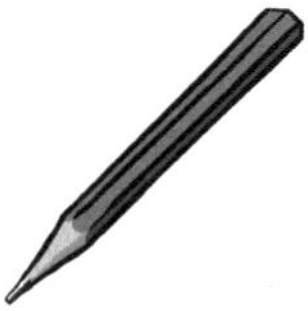

Bleesticken

lápis

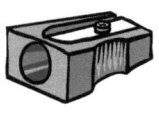

Scharpmaker

apontador de lápis

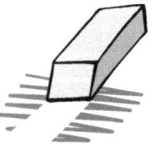

Radeergummi

borracha

Tekenblock

bloco de desenho

Teken

desenho

Pinsel

pincel

Malkassen

estojo de tintas

Scheer

tesoura

Klever

cola

Heft to'n Öven

livro de exercícios

Huusopgaav

lição de casa

12

Tall

número

2+2

tohooptellen

somar

5-2

aftrecken

subtrair

2×2

malnehmen

multiplicar

reken

calcular

Bookstaav

letra

ABCDEFG
HIJKLMN
OPQRSTU
VWXYZ

ABC

alfabeto

hello

Woort

palavra

Text
....
texto

lesen
....
ler

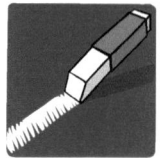

Kried
....
giz

Stunn
....
hora

Klassenbook
....
registro da classe

Pröven
....
exame

Tüügnis
....
certificado

Schooluniform
....
uniforme escolar

Utbillen
....
educação

Nakieksel
....
enciclopédia

Universität
....
universidade

Mikroskop
....
microscópio

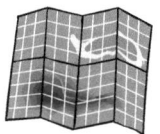

Koort
....
mapa

Papeerkorf
....
cesto de lixo

School - escola

Törn

viagem

Hotel
hotel
Grand
Harbarg
albergue
ROOMS
Wesselstuuv
casa de câmbio
EXCHANGE
Kuffer
mala
Auto
carro

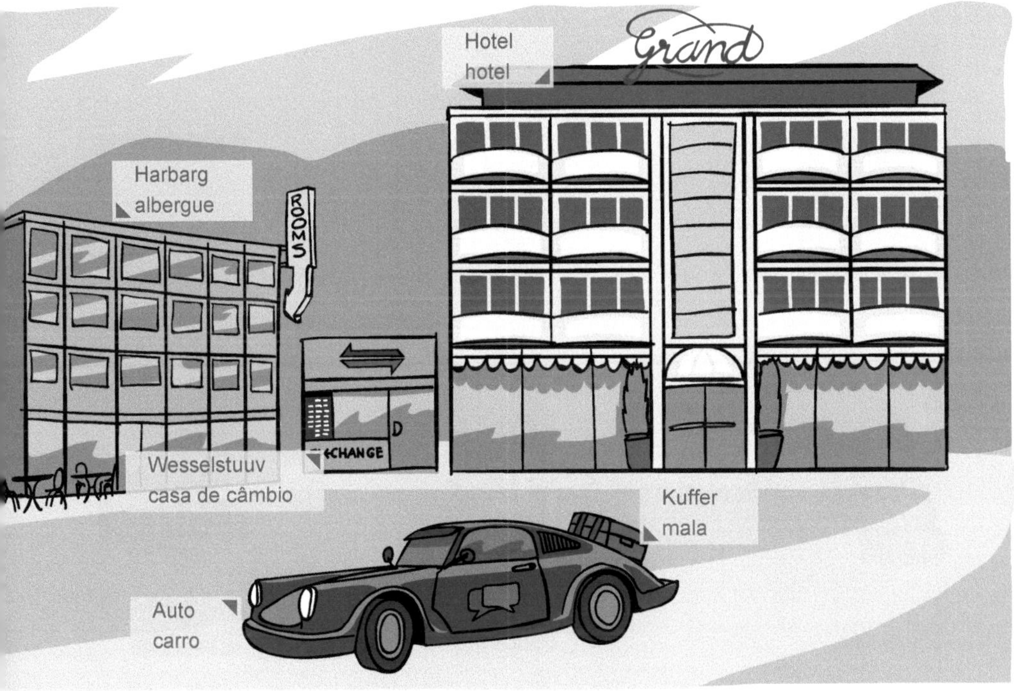

Spraak
idioma

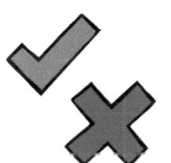

jo / ne
sim / não

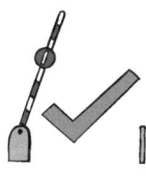

Jo
ok

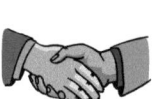

Moin
Olá

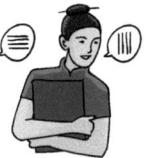

Översetter
tradutor

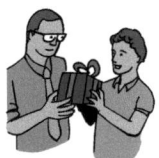

Dank ok
obrigado

Wat kost...?

quanto custa...?

Ik verstah nich

eu não entendo

Problem

problema

Goden Avend

boa noite!

Moin!

Bom dia!

Gode Nacht!

Boa noite!

Tschüüs

até logo

Richt

direção

Bagaasch

bagagem

Tasch

bolsa

Rüchsack

mochila

Gast

convidado

Stuuv

quarto

Slaapsack

saco de dormir

Telt

barraca

Touristeninformatschoon

informação turística

Strand

praia

Kreditkoort

cartão de crédito

Fröhstück

café da manhã

Meddageten

almoço

Avendeten

jantar

Fohrkort

bilhete

Fohrstohl

elevador

Breefmark

selo

Grenz

fronteira

Toll

alfândega

Bottschop

embaixada

Visum

visto

Pass

passaporte

Transport
transporte

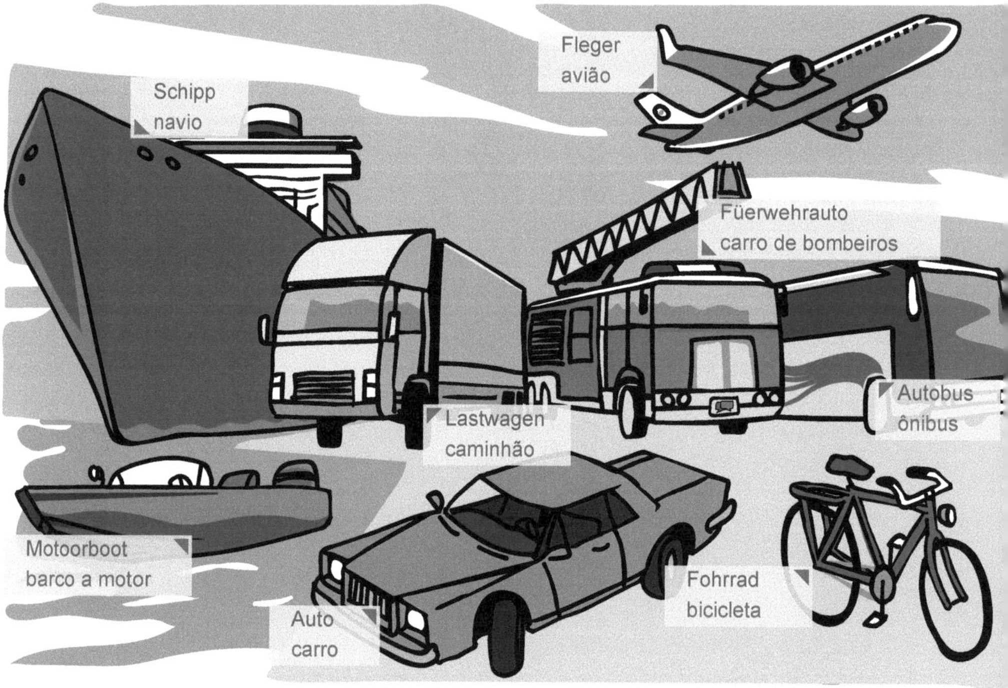
Fleger
avião
Schipp
navio
Füerwehrauto
carro de bombeiros
Autobus
ônibus
Lastwagen
caminhão
Motoorboot
barco a motor
Fohrrad
bicicleta
Auto
carro

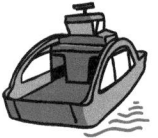

Fähr

balsa

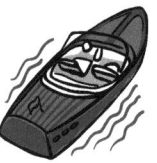

Boot

barco

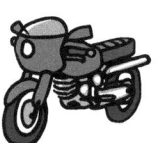

Motoorrad

motocicleta

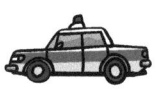

Polizeiauto

veículo policial

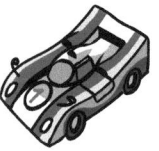

Rönnauto

carro de corrida

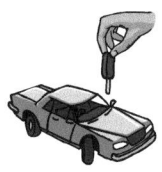

Lehnwagen

carro de aluguel

Carsharing

compartilhamento de
automóvel

Afsleepwagen

caminhão de reboque

Müllauto

caminhão de lixo

Motoor

motor

Kraftstoff

combustível

Tanksteed

posto de gasolina

Verkehrsschild

placa de trânsito

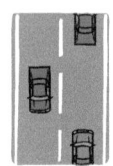

Verkehr

trânsito

Stau

trânsito lento

Afstellplatz

estacionamento

Bahnhoff

estação de trem

Sporen

trilhos

Tog

trem

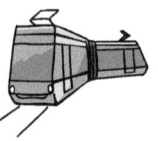

Stratenbahn

bonde

Wagon

vagão

Dwarsmöhl
helicóptero

Flooghaven
aeroporto

Tower
torre

Fohrgast
passageiro

Grootkist
contêiner

Karton
cartolina

Koor
carroça

Korf
cesto

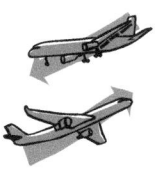

starten / lannen
decolar / pousar

Stadt
cidade

Dörp
vilarejo

Binnenstadt
centro da cidade

Huus
casa

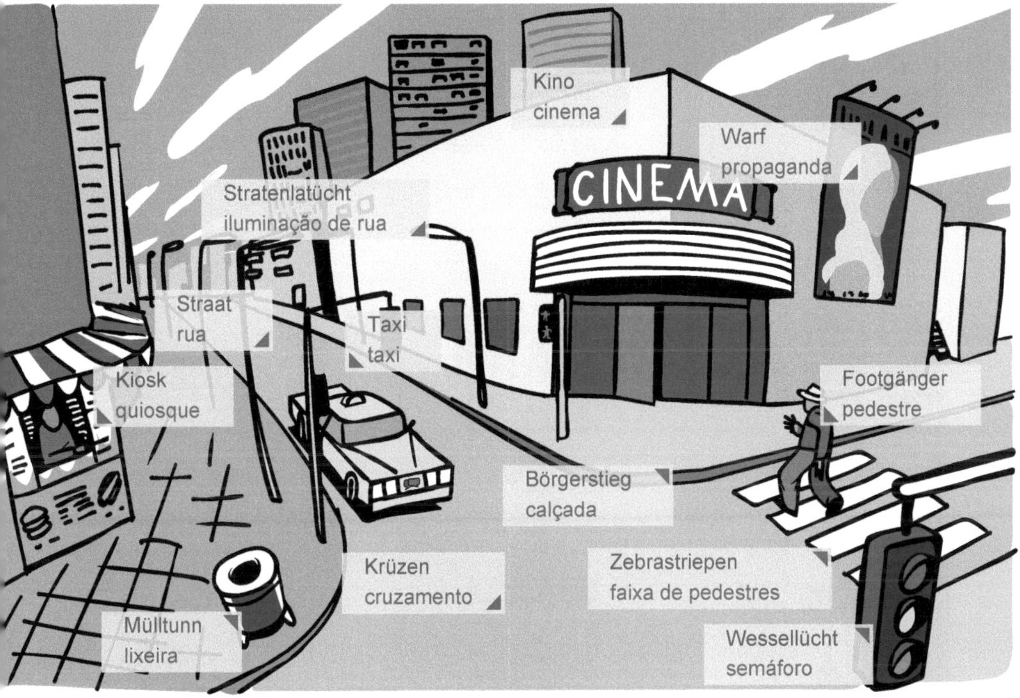

Kino
cinema

Warf
propaganda

Stratenlatücht
iluminação de rua

CINEMA

Straat
rua

Taxi
taxi

Kiosk
quiosque

Footgänger
pedestre

Börgerstieg
calçada

Krüzen
cruzamento

Zebrastriepen
faixa de pedestres

Mülltunn
lixeira

Wessellücht
semáforo

Hütt

cabana

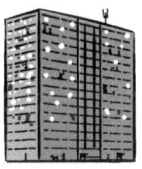

Wahnung

apartamento

Bahnhoff

estação de trem

Raathuus

prefeitura

Museum

museu

School

escola

Universität

universidade

Bank

banco

Krankenhuus

hospital

Hotel

hotel

Afteek

farmácia

Büro

escritório

Bookhökerie

livraria

Hökerie

loja

Blomenhökerie

floricultura

Supermarkt

supermercado

Markt

mercado

Koophuus

loja de departamentos

Fischhökerie

peixaria

Inkoopszentrum

centro comercial

Haven

porto

Stadt - cidade

Parkanlaag
parque

Bank
banco

Brüch
ponte

Trepp
escadas

Ünnergrundbahn
metrô

Tunnel
túnel

Busstoppsteed
ponto de ônibus

Bar
bar

Spieslokal
restaurante

Breefkassen
aixa de correspondência

Stratenschild
placa de rua

Parkklock
parquímetro

Deertenpark
zoológico

Baadanstalt
piscina

Moschee
mesquita

Stadt - cidade

13

Buernhoff
fazenda

Ümweltversmudden
poluição

Karkhoff
cemitério

Kark
igreja

Speelplatz
parquinho

Tempel
templo

Landschop
paisagem

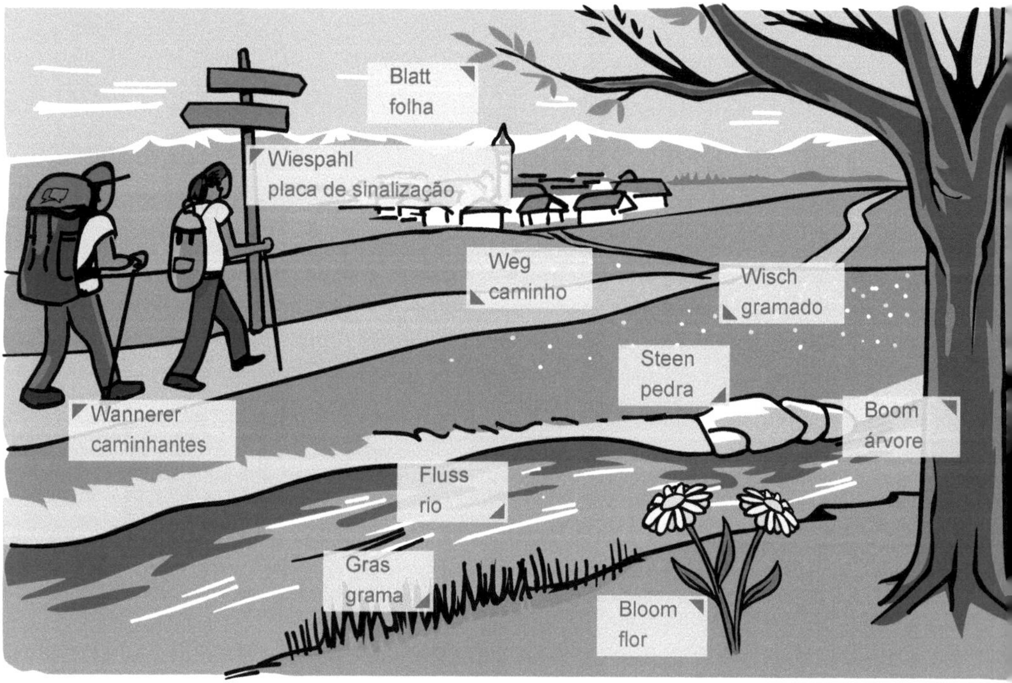

Blatt
folha

Wiespahl
placa de sinalização

Weg
caminho

Wisch
gramado

Steen
pedra

Boom
árvore

Wannerer
caminhantes

Fluss
rio

Gras
grama

Bloom
flor

Daal
vale

Barg
montanha

See
lago

Holt
floresta

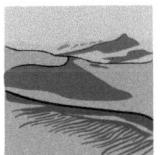

Wööst
deserto

Füerspien Barg
vulcão

Slott
castelo

Regenbagen
arco-íris

Poggenstohl
cogumelo

Palm
palmeira

Steekmück
mosquito

Fleeg
mosca

Miegeemk
formiga

Imm
abelha

Spinn
aranha

Landschop - paisagem   15

Sebber

besouro

Pogg

sapo

Katteker

esquilo

Swienegel

ouriço

Haas

lebre

Uul

coruja

Vagel

pássaro

Swaan

cisne

Wildswien

javali

Hirsch

veado

Elk

alce

Staudamm

barragem

Windrad

aerogerador

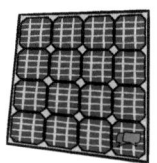

Solarmodul

painel solar

Klima

clima

Spieslokal
restaurante

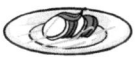

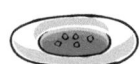

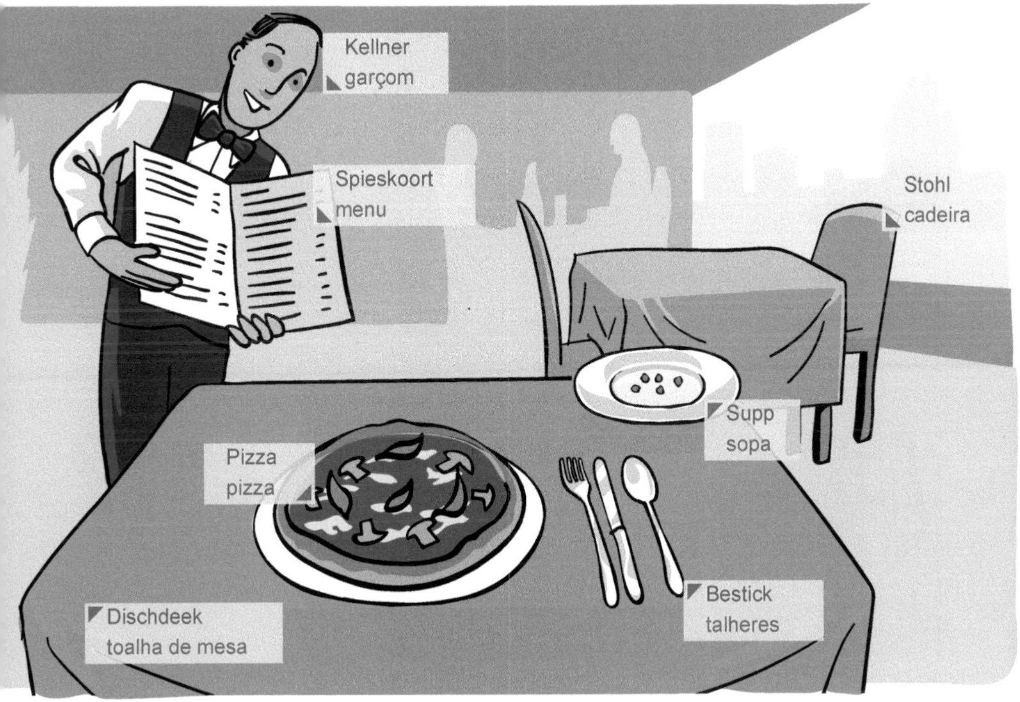
Kellner
garçom
Spieskoort
menu
Stohl
cadeira
Supp
sopa
Pizza
pizza
Bestick
talheres
Dischdeek
toalha de mesa

Vörspies
entrada

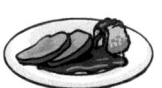

Haupteten
prato principal

Nadisch
sobremesa

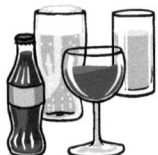

Drünk
bebidas

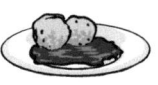

Eten
comida

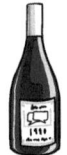

Buddel
garrafa

Fastfood

fastfood

Strateneten

comida de rua

Teekann

bule de chá

Zuckerdoos

açucareiro

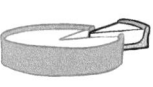

Portschoon

porção

Espressomaschien

máquina de expresso

Hoochstohl

cadeirão

Reken

conta

Tablett

bandeja

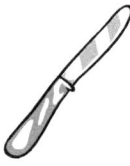

Mess

faca

Gavel

garfo

Lepel

colher

Teelepel

colher de chá

Munddook

guardanapo

Glas

copo

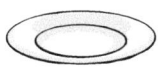

Töller
prato

Suppentöller
prato de sopa

Ünnertass
pires

Sooß
molho

Soltstreuer
saleiro

Pepermöhl
moedor de pimenta

Etig
vinagre

Ööl
óleo

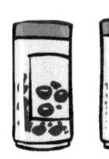

Krüder
especiarias

Ketchup
ketchup

Mostrich
mostarda

Mayonnaise
maionese

Supermarkt
supermercado

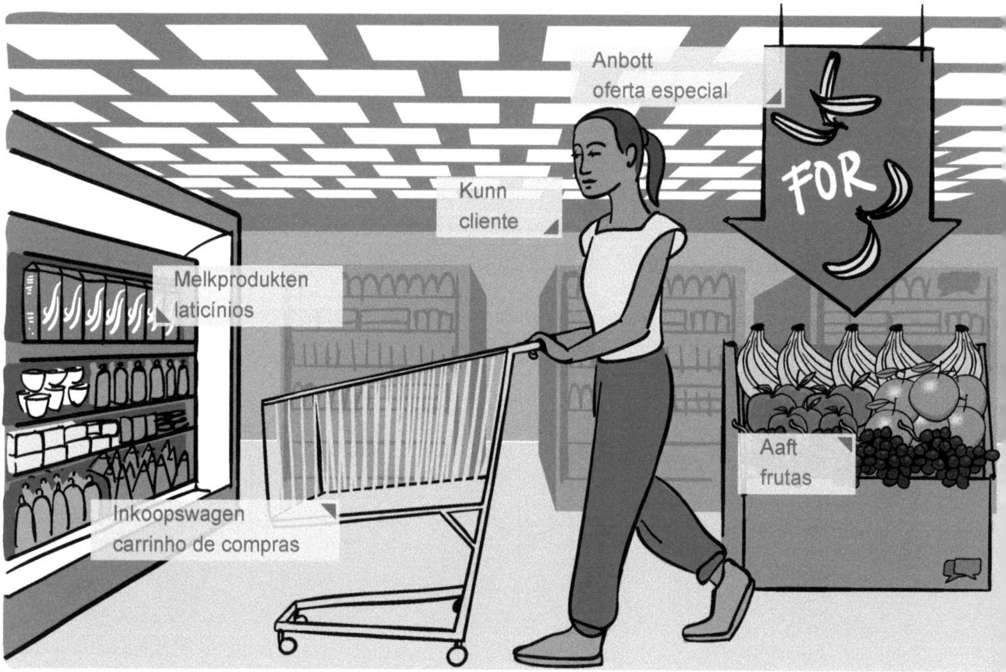

Anbott
oferta especial
FOR
Kunn
cliente
Melkprodukten
laticínios
Aaft
frutas
Inkoopswagen
carrinho de compras

BUTCHERS

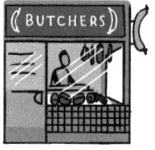

Slachterie

açougue

BAKERY

Bäckerie

padaria

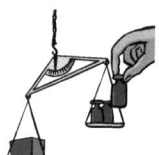

wegen

pesar

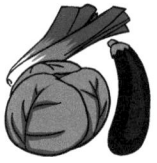

Gröönsaken

legumes

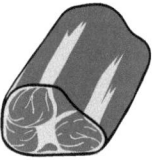

Fleesch

carne

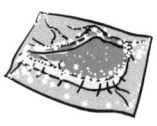

Deepköhlkost

congelados

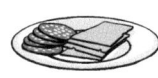

Opsnitt

charcutaria

Konserven

conservas

Waschmiddel

detergente em pó

Snoopkraam

doces

Huushooltssaken

artigos domésticos

Reinmaaktüüch

produtos de limpeza

Verköpersche

vendedora

Kass

caixa

Kasserer

caixa

Inkoopslist

lista de compras

Opsparrtieden

horário de funcionamento

Breeftasch

carteira

Kreditkoort

cartão de crédito

Tasch

sacola

Plastiktüüt

saco plástico

Drünk
bebidas

Water

água

Saft

suco

Melk

leite

Cola

coca-cola

Wien

vinho

Beer

cerveja

Spriet

álcool

Kakao

cacau

Tee

chá

Koffie

café

Espresso

expresso

Cappucino

cappuccino

Banaan

banana

Appel

maçã

Appelsien

laranja

Meloon

melão

Zitroon

limão

Wöttel

cenoura

Knuuvlook

alho

Bambus

bambu

Zibbel

cebola

Poggenstohl

cogumelo

Nööt

nozes

Nudeln

macarrão

Spaghetti

espaguete

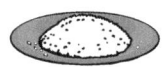

Ries

arroz

Salat

salada

Pommes frites

batatas fritas

Braadkantüffeln

batatas frias

Pizza

pizza

Hamborger

hambúrger

Sandwich

sanduíche

Snitzel

escalope

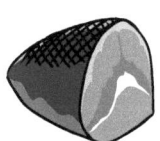

Schinken

presunto

Salami

salame

Wust

salsicha

Hohn

galinha

Braden

assado

Fisch

peixe

Eten - comida

Haverflocken
flocos de aveia

Müsli
granola

Cornflakes
flocos de milho

Mehl
farinha

Croissant
croissant

Rundstück
pãozinho

Broot
pão

Toast
torrada

Keksen
biscoitos

Botter
manteiga

Quark
requeijão

Koken
bolo

Ei
ovo

Spegelei
ovo frito

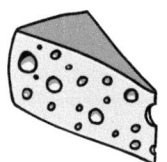

Kees
queijo

Eten - comida

Ies
sorvete

Zucker
açúcar

Honnig
mel

Marmelaad
geleia

Nougat-Creme
creme de avelãs

Curry
curry

Buernhoff
fazenda

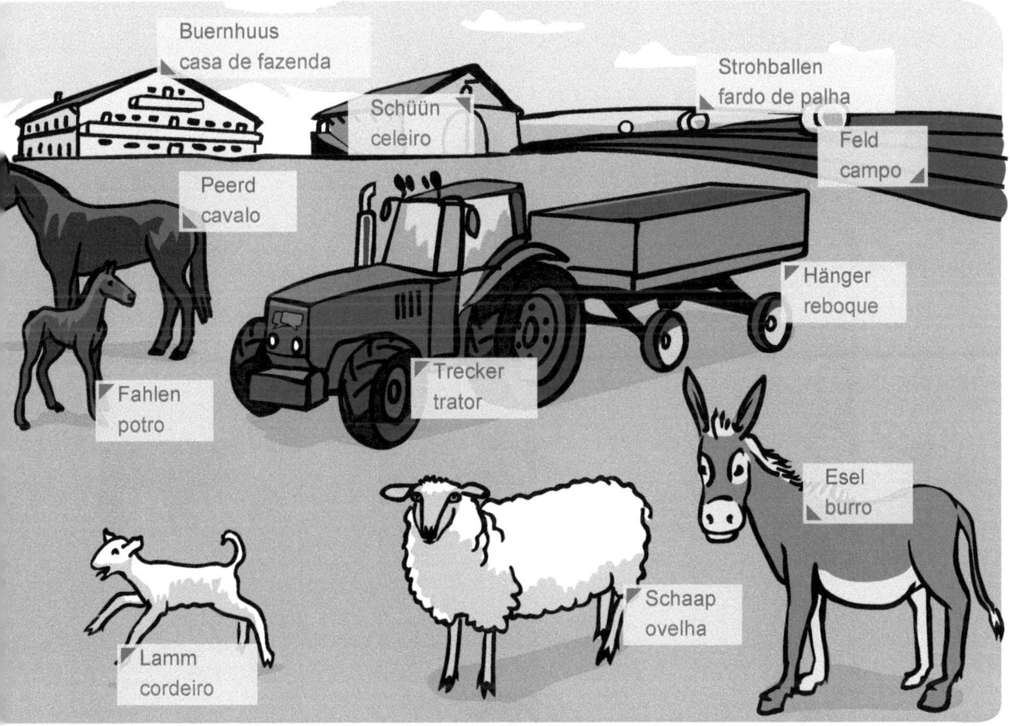

Buernhuus
casa de fazenda
Schüün
celeiro
Strohballen
fardo de palha
Feld
campo
Peerd
cavalo
Hänger
reboque
Trecker
trator
Fahlen
potro
Esel
burro
Schaap
ovelha
Lamm
cordeiro

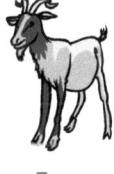

Zeeg

cabra

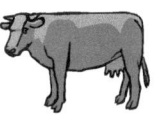

Koh

vaca

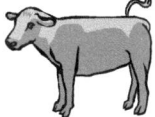

Kalf

bezerro

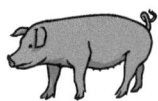

Swien

porco

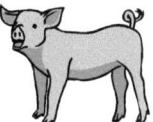

Farken

leitão

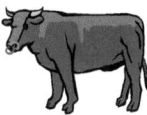

Bull

touro

Goos

ganso

Aant

pato

Küken

pintinho

Hohn

galinha

Hahn

galo

Rott

ratazana

Katt

gato

Muus

camundongo

Oss

boi

Hund

cachorro

Hunnenhütt

casinha do cachorro

Goornslauch

mangueira de jardim

Geetkann

regador

Lee

foice

Ploog

arado

Sich
foice

Hack
enxada

Mestfork
forquilha

Ext
machado

Schuufkoor
carrinho de mão

Trog
manjedoura

Melkkann
jarra de leite

Sack
saco

Tuun
cerca

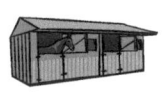

Stall
estábulo

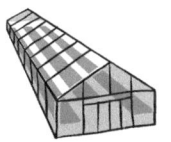

Drievhuus
estufa

Bodden
solo

Saat
semente

Dünger
fertilizante

Meihdöscher
colheitadeira

oornen
colher

Oorn
colheita

Yamswöttel
inhame

Weten
trigo

Soja
soja

Kantüffel
batata

Törksche Weten
milho

Rapp
colza

Aaftboom
árvore frutífera

Troopsch Kantüffel
mandioca

Koorn
cereais

Huus
casa

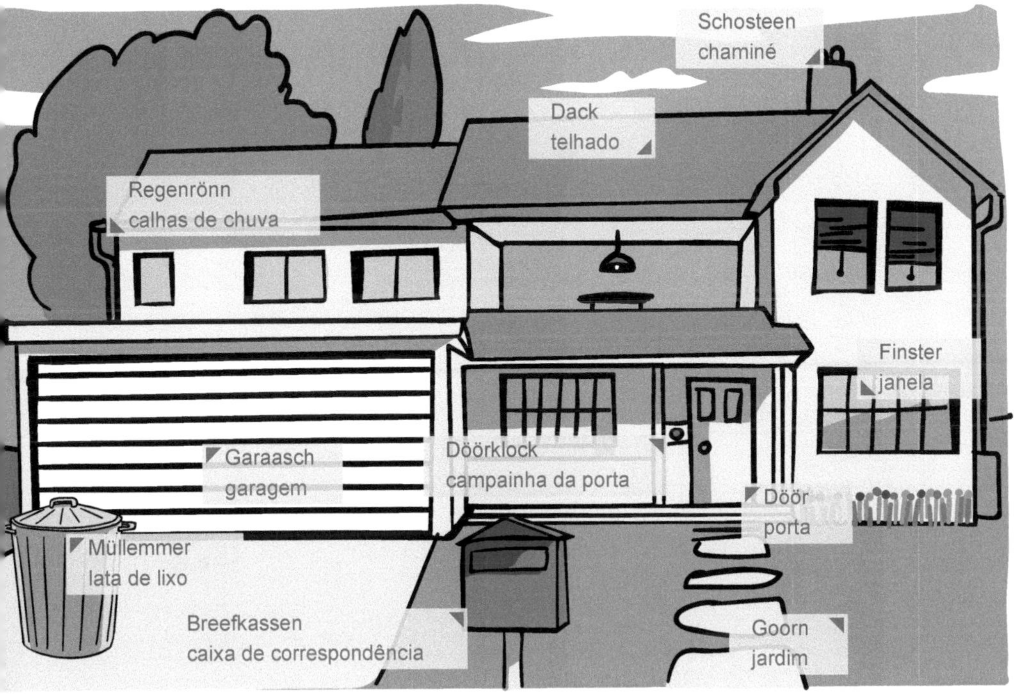

Schosteen
chaminé
Dack
telhado
Regenrönn
calhas de chuva
Finster
janela
Garaasch
garagem
Döörklock
campainha da porta
Döör
porta
Müllemmer
lata de lixo
Breefkassen
caixa de correspondência
Goorn
jardim

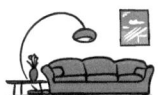

Wahnstuuv
....
sala de estar

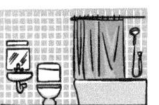

Baadstuuv
....
banheiro

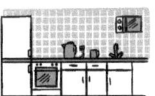

Köök
....
cozinha

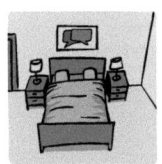

Slaapstuuv
....
quarto de dormir

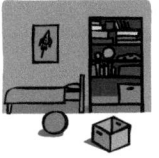

Kinnerstuuv
....
quarto de criança

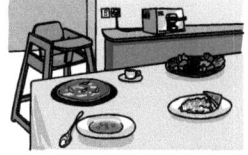

Eetstuuv
....
sala de jantar

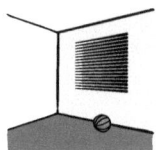

Footbodden

chão

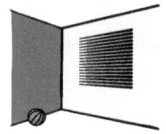

Wand

parede

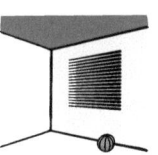

Deek

teto

Keller

porão

Hittluftbad

sauna

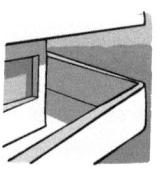

Balkon

varanda

Terrass

terraço

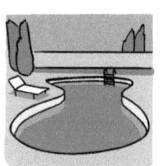

Swümmbad

piscina

Rasenmeiher

cortador de grama

Bettbetog

lençol

Bettdeek

coberta

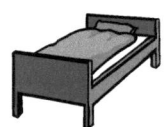

Puuch

cama

Bessen

vassoura

Emmer

balde

Schalter

interruptor

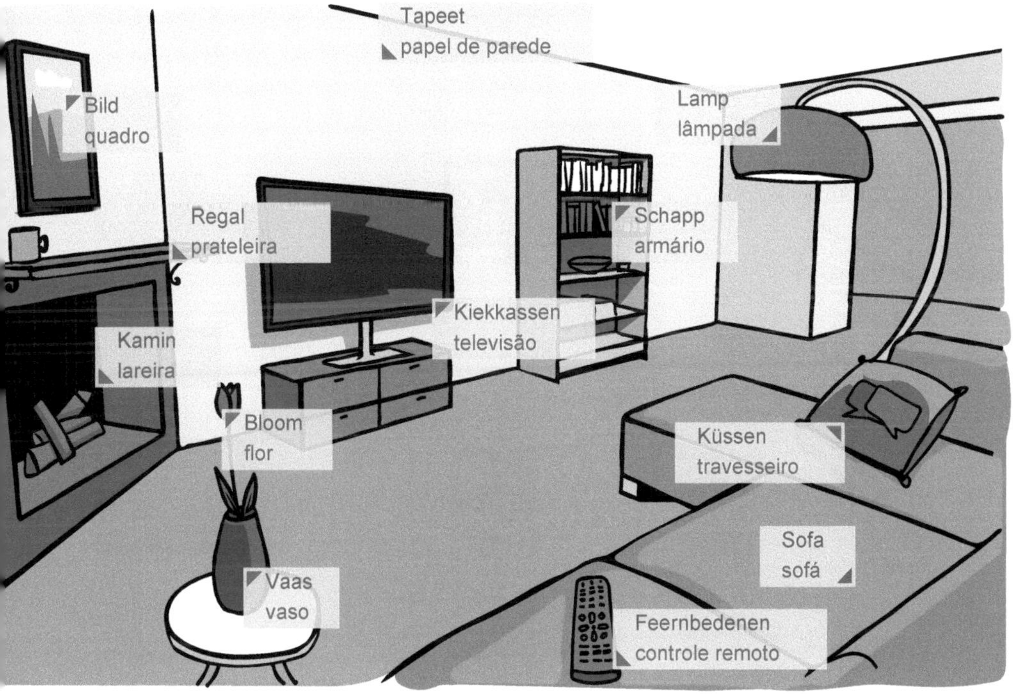

Tapeet
papel de parede

Bild
quadro

Lamp
lâmpada

Regal
prateleira

Schapp
armário

Kamin
lareira

Kiekkassen
televisão

Bloom
flor

Küssen
travesseiro

Sofa
sofá

Vaas
vaso

Feernbedenen
controle remoto

Teppich

tapete

Vörhang

cortina

Disch

mesa

Stohl

cadeira

Schuckelstohl

cadeira de balanço

Sessel

poltrona

Book

livro

Deek

cobertor

Dekoratschoon

decoração

Füerholt

lenha

Film

filme

Stereoanlaag

equipamento de som

Slötel

chave

Narichtenblatt

jornal

Gemälde

pintura

Poster

pôster

Radio

rádio

Opschrievblock

bloco de notas

Huulbessen

aspirador

Kaktus

cacto

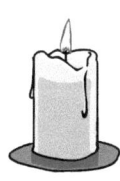

Kars

vela

Köök
cozinha

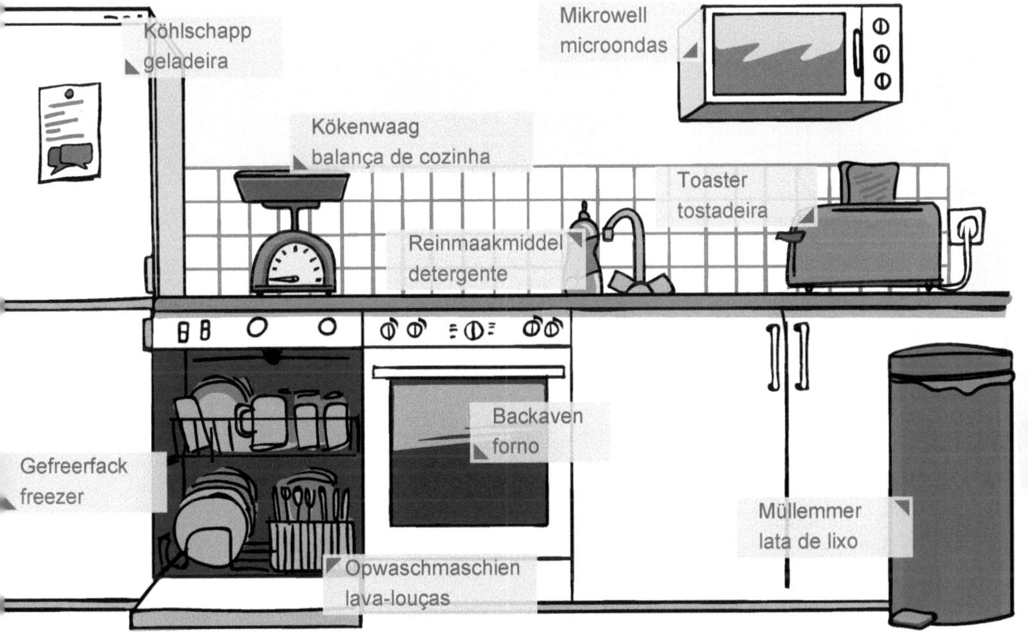

Köhlschapp
geladeira
Mikrowell
microondas
Kökenwaag
balança de cozinha
Toaster
tostadeira
Reinmaakmiddel
detergente
Backaven
forno
Gefreerfack
freezer
Müllemmer
lata de lixo
Opwaschmaschien
lava-louças

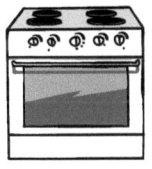

Heerd

fogão

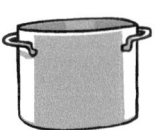

Pott

panela

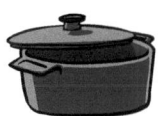

Gussiesern Putt

panela de ferro

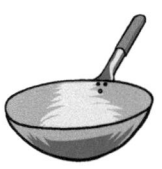

Wok / Kadai

wok / kadai

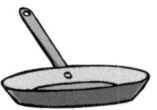

Pann

frigideira

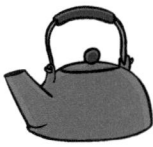

Waterkaker

chaleira

Dampkaakputt

panela a vapor

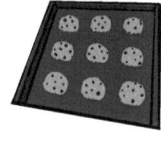

Backblick

tabuleiro de forno

Geschirr

louça

Beker

caneca

Schaal

caçarola

Eetsticken

hashi

Suppenkell

concha de sopa

Pannenwenner

espátula

Sneebessen

batedor

Kaakseef

escorredor

Seef

peneira

Riev

ralador

Mörser

almofariz

Grill

churrasqueira

Füerstell

lareira

Sniedbrett

tábua de cortar

Nudelholt

rolo da massa

Proppentrecker

saca-rolhas

Doos

lata

Dosenaapner

abridor de latas

Pottlappen

pegador de panela

Waschbecken

pia

Böst

escova

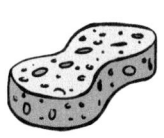

Swamm

esponja

Mixer

liquidificador

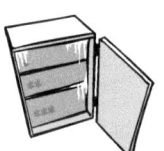

lesschapp

congelador

Nuckelbuddel

mamadeira

Waterhahn

torneira

Baadstuuv

banheiro

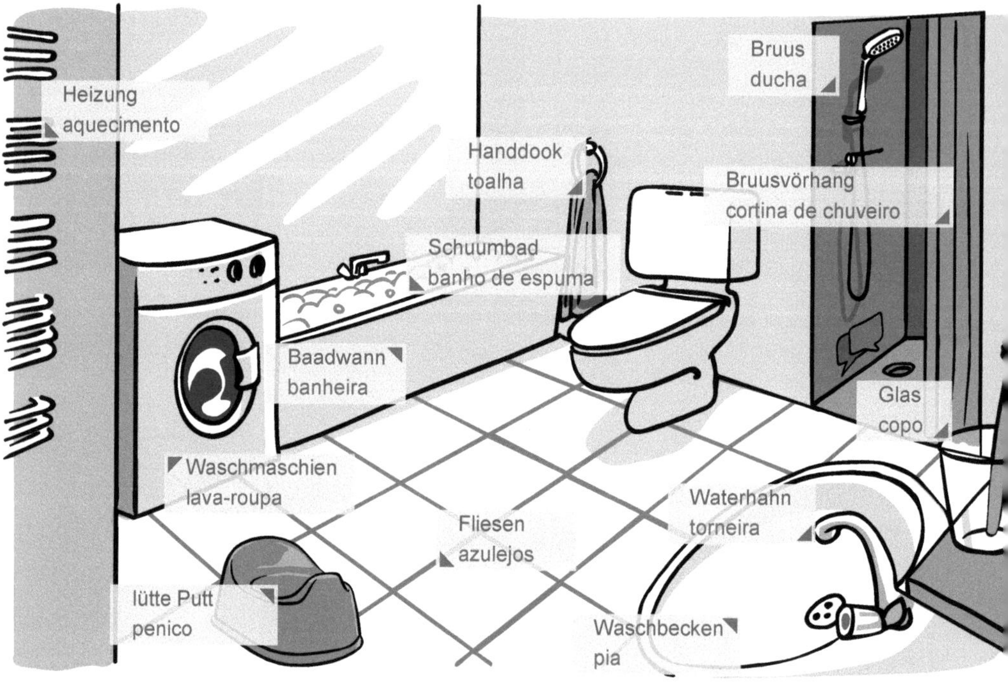

Heizung
aquecimento
Handdook
toalha
Bruus
ducha
Bruusvörhang
cortina de chuveiro
Schuumbad
banho de espuma
Baadwann
banheira
Glas
copo
Waschmaschien
lava-roupa
Waterhahn
torneira
Fliesen
azulejos
lütte Putt
penico
Waschbecken
pia

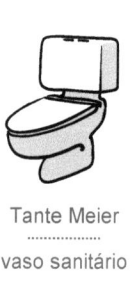

Tante Meier

vaso sanitário

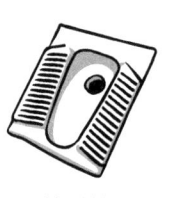

Hockklo

lavabo de agachar

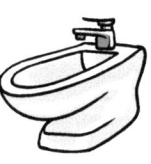

Bidet

bidê

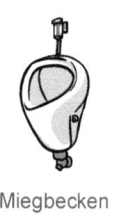

Miegbecken

mictório

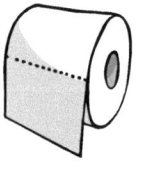

Klopapeer

papel higiênico

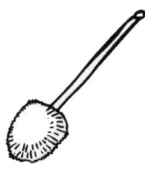

Kloböst

escova de privada

Tähnböst

escova de dentes

Tähnpast

pasta de dentes

Tähnsied

fio dental

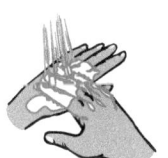

waschen

lavar

Handbruus

ducha de mão

Intimbruus

ducha íntima

Waschschöttel

bacia

Rüchböst

escova para as costas

Seep

sabonete

Bruusgeel

gel de banho

Hoorwaschmiddel

xampu

Waschlappen

toalha de rosto

Afloop

escoamento

Creme

creme

Deodorant

desodorante

Spegel

espelho

Kosmetikspegel

espelho de mão

Raserer

barbeador

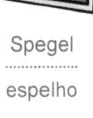

Raseerschuum

espuma de barbear

Raseerwater

loção pós-barba

Kamm

pente

Böst

escova

Hoordröger

secador de cabelo

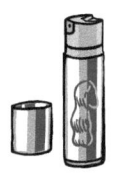

Hoorspray

spray de cabelo

Smink

maquiagem

Lippensticken

batom

Nagellack

esmalte de unhas

Watt

algodão

Nagelscheer

tesoura para unhas

Rüükwater

perfume

Kulturbüdel
....
nécessaire

Schemel
....
banquinho

Waag
....
balança

Baadmantel
....
roupão de banho

Gummihanschen
....
luvas de borracha

Tampon
....
absorvente interno

Damenbinn
....
absorvente íntimo

Chemieklo
....
banheiro químico

Kinnerstuuv
quarto de criança

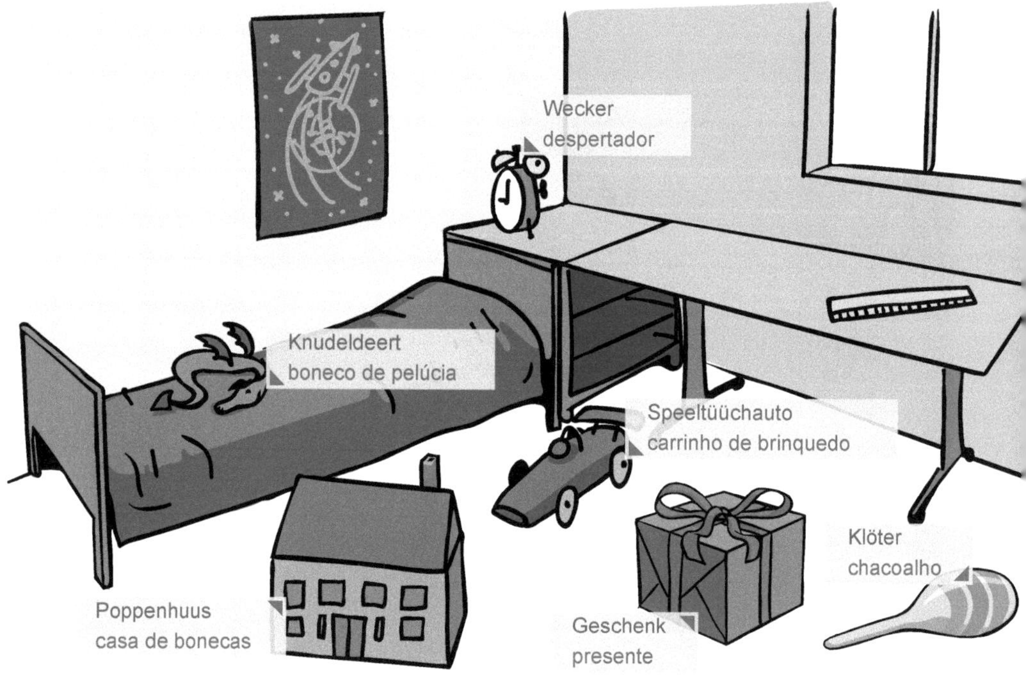

Wecker
despertador

Knudeldeert
boneco de pelúcia

Speeltüüchauto
carrinho de brinquedo

Klöter
chacoalho

Poppenhuus
casa de bonecas

Geschenk
presente

Luftballon

balão

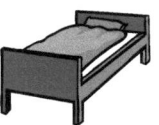

Puuch

cama

Kinnerwagen

carrinho de bebê

Koortenspeel

jogo de cartas

Puzzle

quebra-cabeças

Billergeschicht

revista de quadrinhos

Legostenen

peças de Lego

Bustenen

blocos de construção

Action-Figur

figura de ação

Strampelantog

macaquinho de bebê

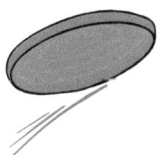

Frisbeeschiev

frisbee

Mobile

móbile para bebé

Brettspeel

jogo de tabuleiro

Wörpel

dados

Modelliesenbahn

trenzinho elétrico

Snuller

chupeta

Party

festa

Billerbook

livro ilustrado

Ball

bola

Popp

boneca

spelen

brincar

Sandkassen

caixa de areia

Schuckel

balanço

Speeltüüch

brinquedos

Speelkonsool

videogame

Dreerad

triciclo

Teddyboor

ursinho de pelúcia

Klederschapp

guarda-roupa

Tüüch

vestuário

Socken

meias

Strümp

meias pelo joelho

Strumpbüx

meias-calças

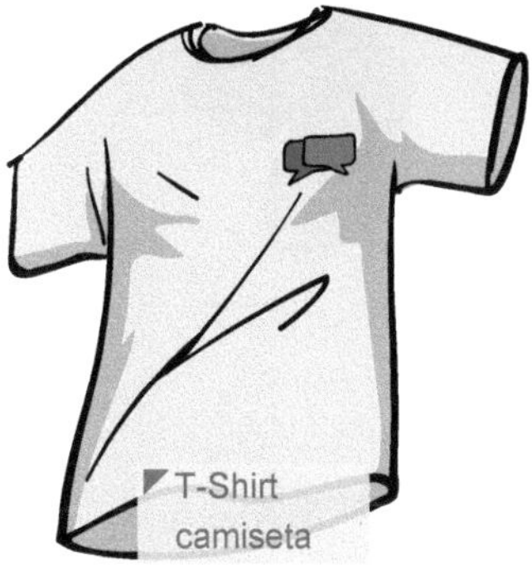

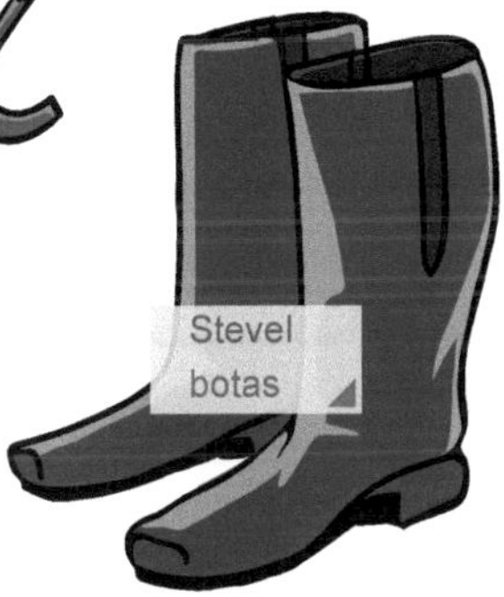

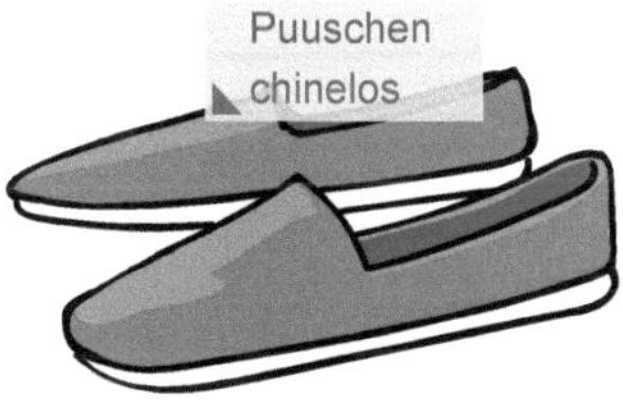

Halsdook
cachecol

Liefreem
cinto

Paraplü
guarda-chuva

T-Shirt
camiseta

Turnschoh
tênis

Stevel
botas

Puuschen
chinelos

Sandalen
....
sandálias

Schoh
....
sapatos

Gummistevel
....
botas de borracha

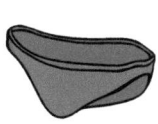

Ünnerbüx
....
roupa de baixo

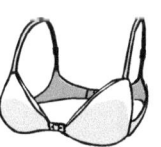

Bostholler
....
sutiã

Ünnerhemd
....
camiseta de baixo

Lief

body

Büx

calças

Jeansnüx

jeans

Rock

saia

Bluus

blusa

Hemd

camisa

Pullover

pulôver

Kapuzenpullover

suéter com capuz

Blazer

blazer

Jack

jaqueta

Mantel

casaco

Övertrecker

gabardine

Kostüm

traje

Kleed

vestido

Hochtietskleed

vestido de casamento

Antog

terno

Nachtkleed

camisola

Slaapantog

pijama

Sari

sari

Koppdook

lenço de cabeça

Turban

turbante

Burka

burca

Kaftan

cafetã

Abaya

abaya

Baadantog

maiô

Baadbüx

sunga

Korte Büx

shorts

Antog to'n Öven

roupa de treino

Schört

avental

Handschoh

luvas

Knopp
botão

Brill
óculos

Armband
pulseira

Halskeed
colar

Ring
anel

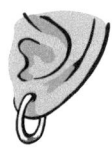

Ohrbummel
brinco

Mütz
boné

Klederbögel
cabide

Hoot
chapéu

Binner
gravata

Rietslüter
zíper

Helm
capacete

Drachtband
suspensórios

Schooluniform
uniforme escolar

Uniform
uniforme

Severböten
....
babador

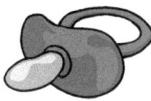

Snuller
....
chupeta

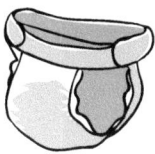

Winnel
....
fralda

Büro
escritório

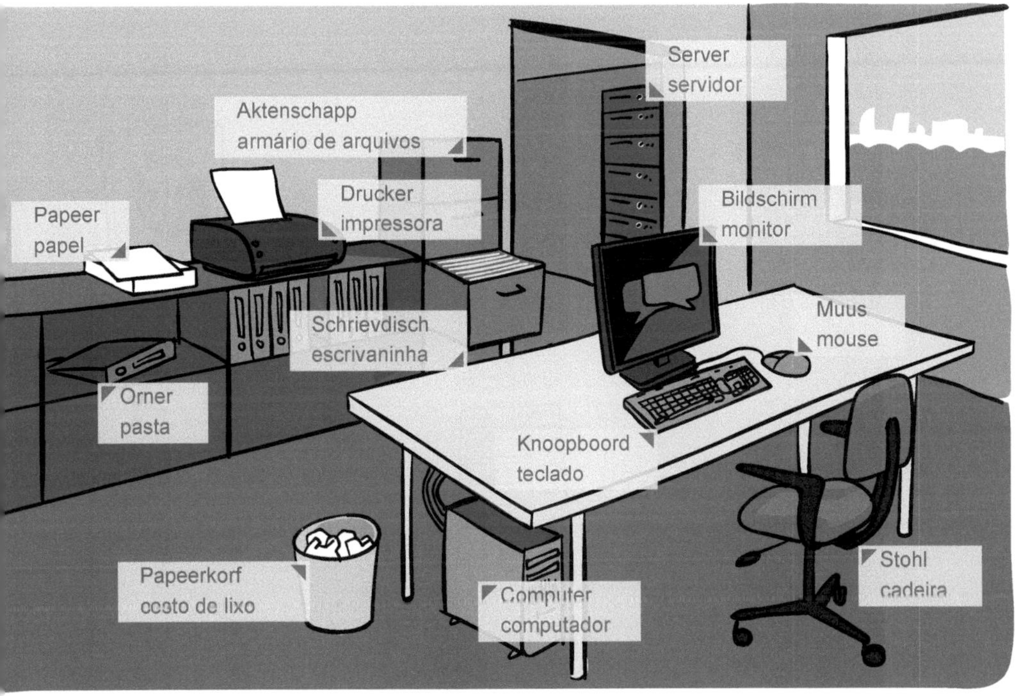

Server
servidor

Aktenschapp
armário de arquivos

Drucker
impressora

Bildschirm
monitor

Papeer
papel

Schrievdisch
escrivaninha

Muus
mouse

Orner
pasta

Knoopboord
teclado

Stohl
cadeira

Papeerkorf
cesto de lixo

Computer
computador

Koffiebeker
....
xícara de café

Taschenreekner
....
calculadora

Internet
....
internet

Klappreekner	Breef	Naricht
laptop	carta	mensagem

Ackersnacker	Nettwark	Kopeerapparat
celular	rede	copiadora

Software	Klöönkassen	Steekdoos
software	telefone	tomada
	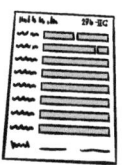	
Faxapparat	Formulor	Dokument
fax	formulário	documento

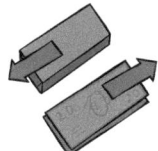

köpen
....
comprar

betahlen
....
pagar

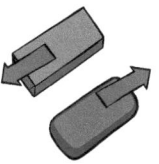

hanneln
....
negociar

Geld
....
dinheiro

Dollar
....
Dólar

Euro
....
Euro

Yen
....
Yen

Ruvel
....
rublo

Swiezer Franken
....
franco suíço

Renminbi Yuan
....
renminbi yuan

Rupie
....
rupia

Geldautomat
....
caixa eletrônico

Wesselstuuv

casa de câmbio

Gold

ouro

Sülver

prata

Ööl

petróleo

Energie

energia

Pries

preço

Verdrag

contrato

Stüer

imposto

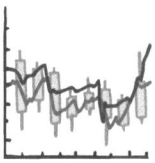

Andeelschien

ação

arbeiden

trabalhar

Anstellte

empregado

Arbeitgever

empregador

Fabrik

fábrica

Hökerie

loja

Profeschonen
profissões

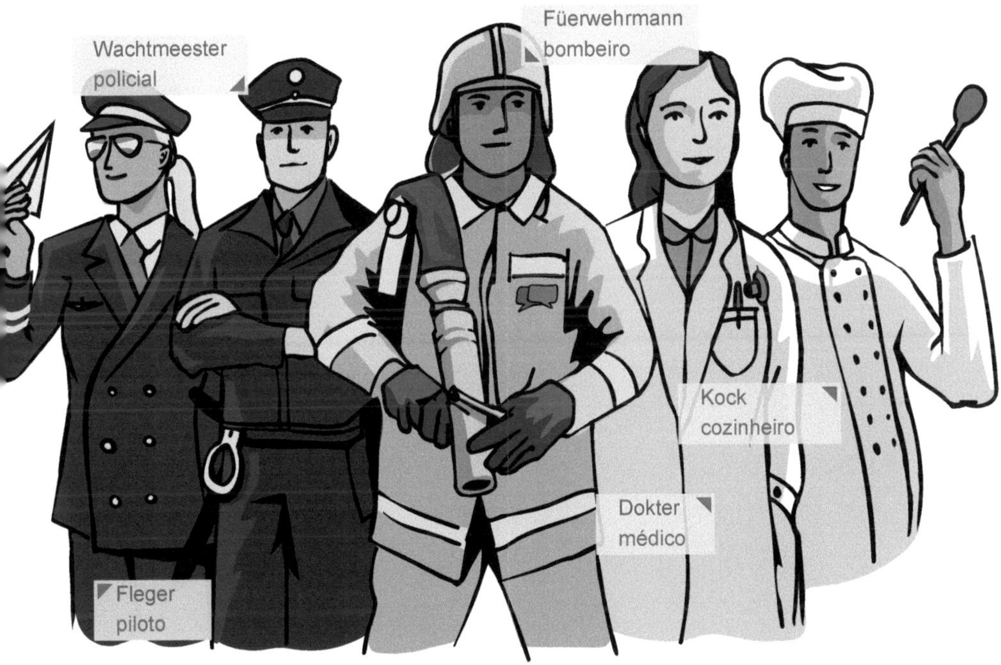

Wachtmeester
policial
Füerwehrmann
bombeiro
Kock
cozinheiro
Dokter
médico
Fleger
piloto

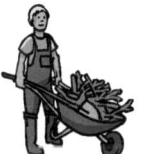

Goorner

jardineiro

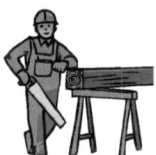

Discher

marceneiro

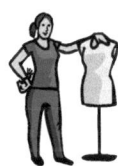

Neihersche

costureira

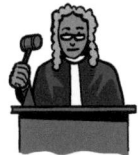

Richter

juiz

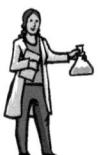

Chemiker

químico

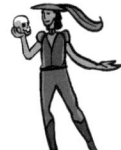

Schauspeler

ator

Busfohrer

motorista de ônibus

Taxifohrer

motorista de táxi

Fischer

pescador

Reinmaakfru

faxineira

Dackdecker

telhador

Kellner

garçom

Jäger

caçador

Maler

pintor

Bäcker

padeiro

Elektriker

eletricista

Buarbeider

construtor

Ingenieur

engenheiro

Slachter

açougueiro

Klempner

encanador

Postbüdel

carteiro

Suldat

soldado

Architekt

arquiteto

Kasserer

caixa

Florist

florista

Putzbüdel

cabelereiro

Schaffner

condutor

Mechaniker

mecânico

Kaptein

capitão

Tähndokter

dentista

Wetenschopler

cientista

Rabbi

rabino

Imam

imam

Mönk

monge

Paap

pastor

Warktüüch
ferramentas

Tang
alicate
Hamer
martelo
Schruvendreiher
chave de fenda
Taschenlamp
lanterna
Schruvenslötel
chave inglesa

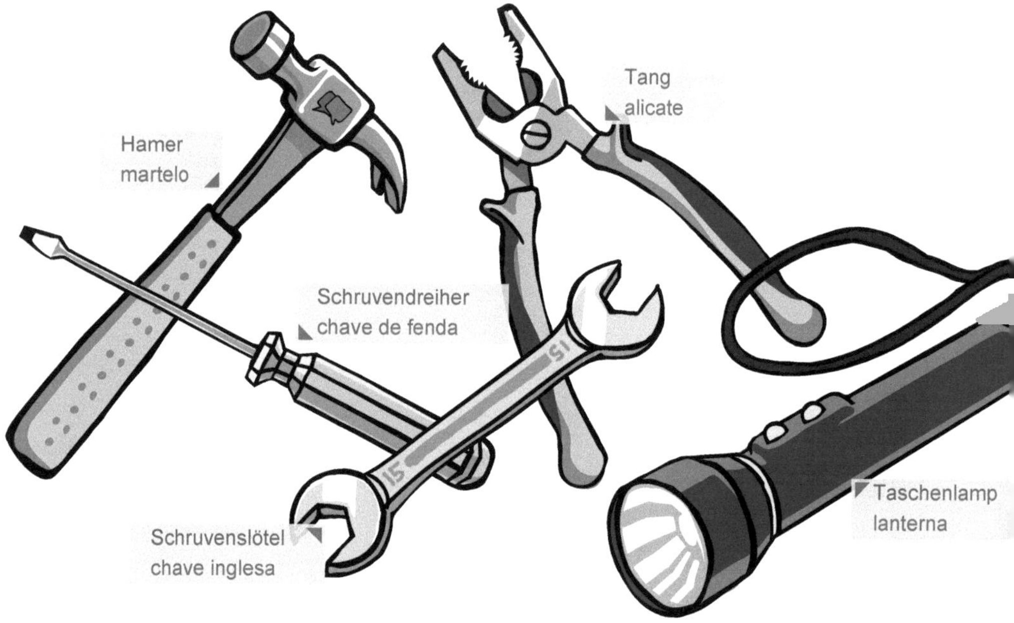

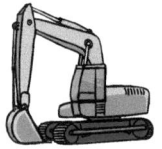

Grieper

escavadora

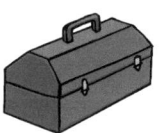

Warktüüchkassen

caixa de ferramentas

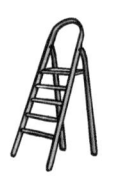

Ledder

escada de mão

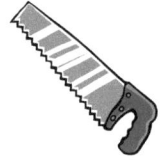

Saag

serra

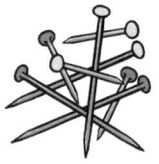

Nagels

pregos

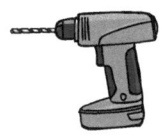

Bohrer

furadeira

heelmaken
consertar

Schüffel
pá

Schiet!
Droga!

Kehrblick
pá de lixo

Farvpott
pote de tinta

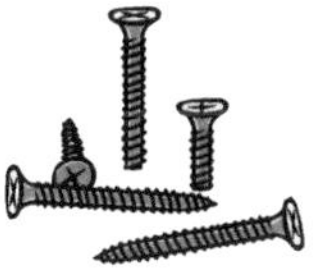

Schruven
parafusos

Musikinstrumenten
instrumentos musicais

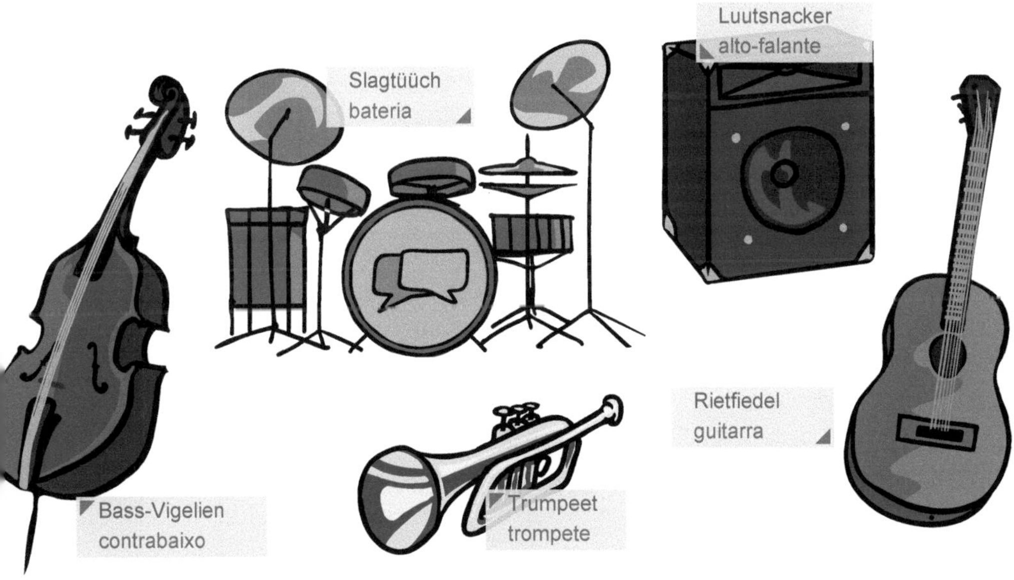

Slagtüüch
bateria

Luutsnacker
alto-falante

Rietfiedel
guitarra

Bass-Vigelien
contrabaixo

Trumpeet
trompete

Klaveer

piano

Vigelien

violino

Bass

baixo

Pauk

timbales

Trummeln

tambor

Keyboard

teclado

Saxophon

saxofone

Fleut

flauta

Mikrofoon

microfone

Deertenpark
zoológico

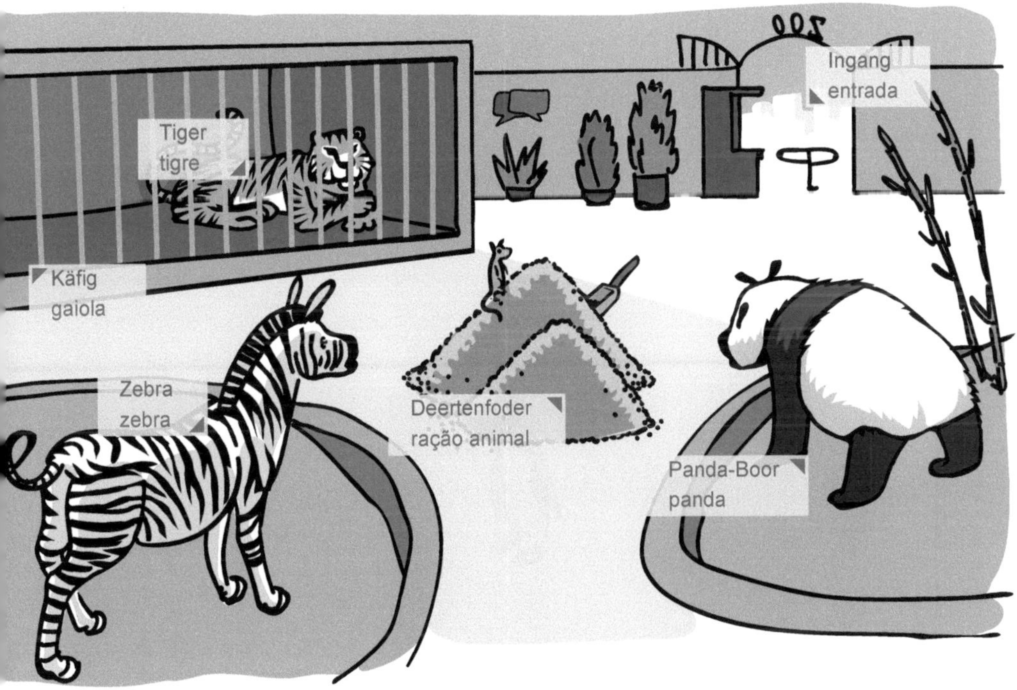
Ingang
entrada
Tiger
tigre
Käfig
gaiola
Zebra
zebra
Deertenfoder
ração animal
Panda-Boor
panda

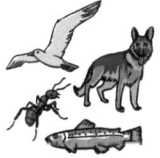

Deerten

animais

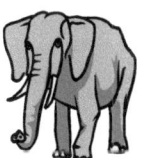

Elefant

elefante

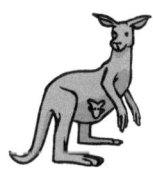

Känguru

canguru

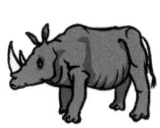

Neeshoorn

rinoceronte

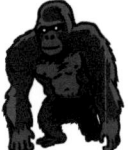

Gorilla

gorila

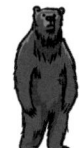

Boor

urso

Kameel	Struuß	Lööv
camelo	avestruz	leão

Aap	Flamingo	Papagoi
macaco	flamingo	papagaio

Iesboor	Pinguin	Haifisch
urso polar	pinguim	tubarão

Pageluun	Slang	Krokodil
pavão	cobra	crocodilo

Oppasser in'n Deertenpark	Saalhund	Jaguor
guarda do zoológico	foca	jaguar

Pony
pônei

Leopard
leopardo

Nilpeerd
hipopótamo

Giraff
girafa

Aadler
águia

Wildswien
javali

Fisch
peixe

Schildkrööt
tartaruga

Walross
morsa

Voss
raposa

Gazell
gazela

Amerikaansch Football
futebol americano

Radfohren
ciclismo

Tennis
tênis

Korfball
basquete

Swümmen
natação

Boxen
boxe

Ieshockey
hóquei no gelo

Football
....
futebol

Fedderball
....
badminton

Leichtathletik
....
atletismo

Handball
....
handebol

Skilopen
....
esqui

Polo
....
polo

Aktivitäten
atividades

lachen
rir
springen
pular
ümarmen
abraçar
gahn
andar
singen
cantar
drömen
sonhar
beden
rezar
snuteln
beijar

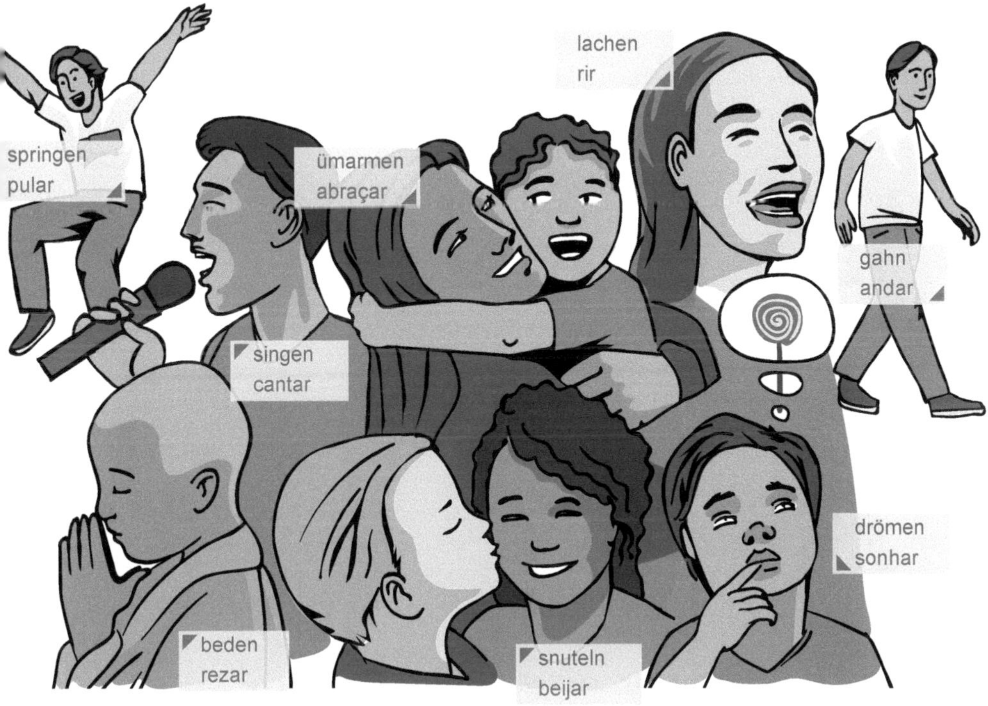

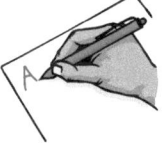

schrieven
escrever

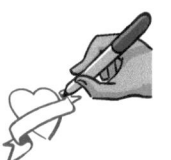

teken
desenhar

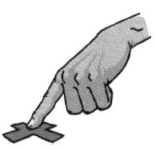

wiesen
mostrar

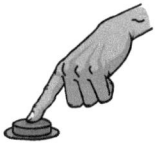

drücken
empurrar

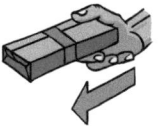

geven
dar

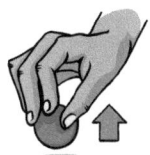

nehmen
tomar

hebben
ter

doon
fazer

sien
ser

stahn
ficar de pé

lopen
correr

trecken
puxar

smieten
jogar

fallen
cair

liggen
deitar

töven
esperar

dregen
carregar

sitten
sentar

antrecken
vestir

slapen
dormir

opwaken
despertar

ankieken

olhar para

wenen

chorar

eien

acariciar

kämmen

pentear

snacken

falar

verstahn

entender

fragen

perguntar

hören

ouvir

drinken

beber

eten

comer

oprümen

arrumar

leefhebben

amar

kaken

cozinhar

fohren

dirigir

flegen

voar

segeln

velejar

reken

calcular

lesen

ler

lehren

aprender

arbeiden

trabalhar

de Plünnen tohoopsmieten

casar

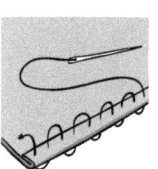

neihen

costurar

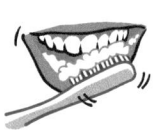

Tähnen putzen

escovar os dentes

dootmaken

matar

smöken

fumar

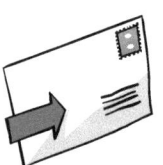

schicken

enviar

Familje
família

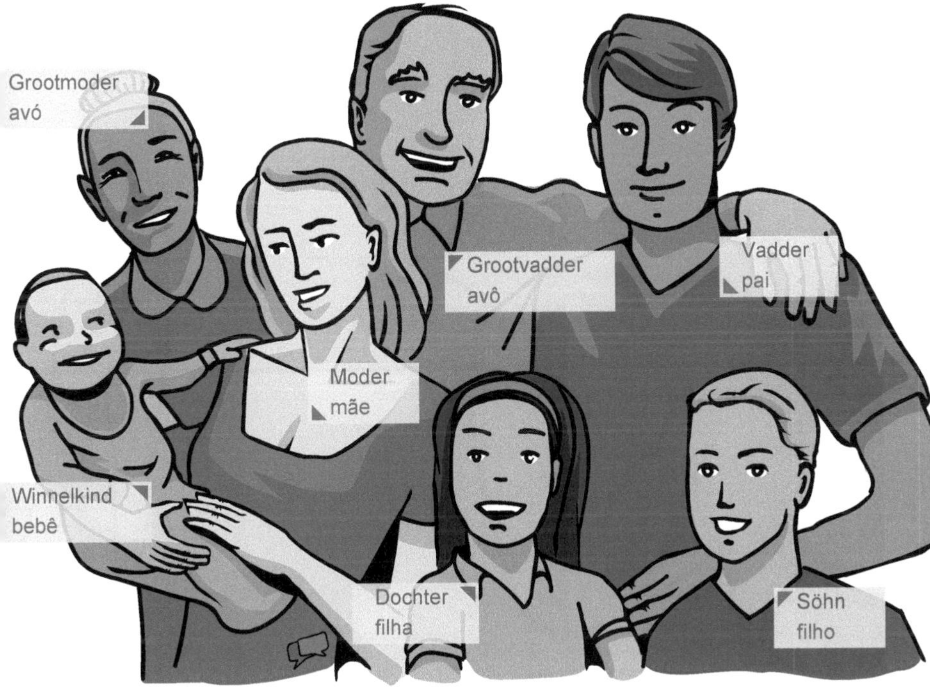
Grootmoder
avó
Grootvadder
avô
Vadder
pai
Moder
mãe
Winnelkind
bebê
Dochter
filha
Söhn
filho

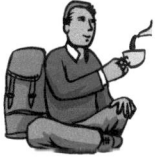

Gast
convidado

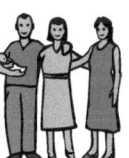

Tant
tia

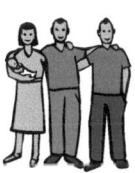

Unkel
tio

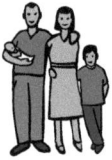

Broder
irmão

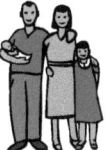

Süster
irmã

Lief

corpo

Vörkopp
testa
Oog
olho
Schuller
ombro
Finger
dedo
Gesicht
rosto
Kinn
queixo
Hand
mão
Been
perna
Bost
peito
Arm
braço

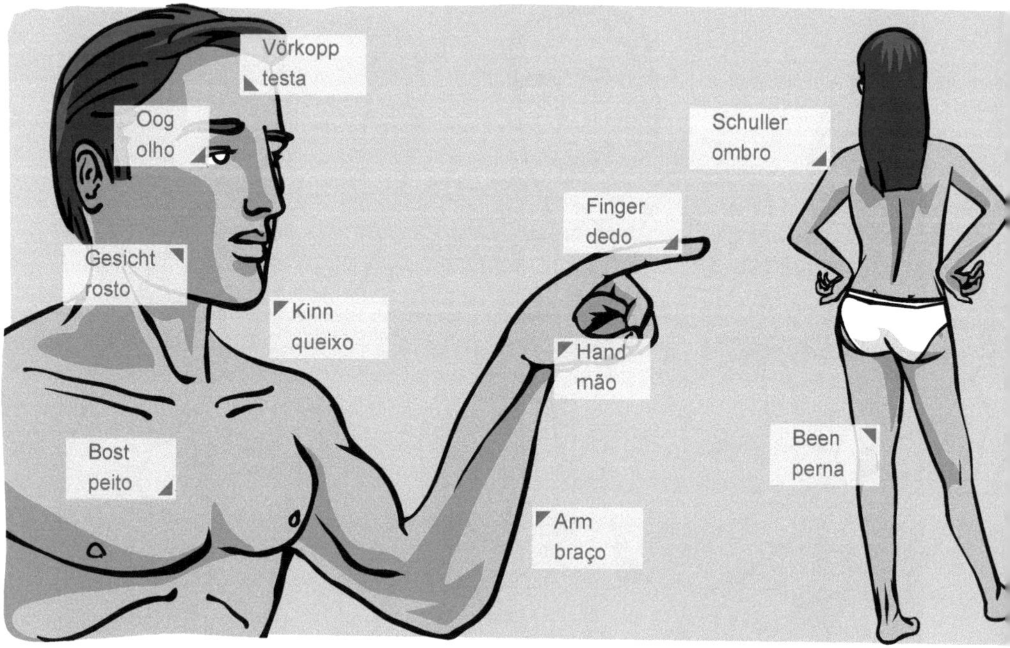

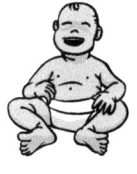

Winnelkind

bebê

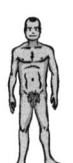

Mann

homem

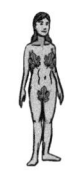

Fro

mulher

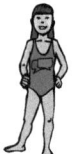

Deern

menina

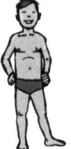

Jung

menino

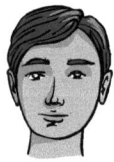

Arm

cabeça

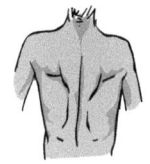

Rüch

costas

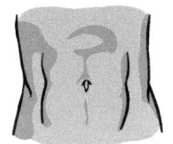

Buuk

barriga

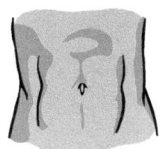

Navel

umbigo

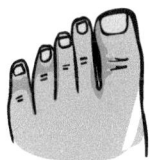

Teh

dedo do pé

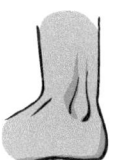

Hack

calcanhar

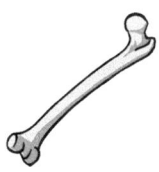

Knaken

osso

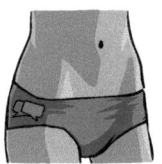

Hüft

anca

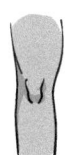

Knee

joelho

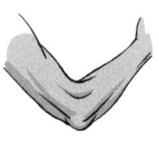

Ellbagen

cotovelo

Nees

nariz

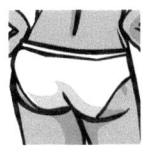

Achtersen

nádegas

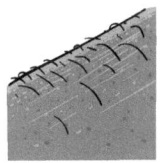

Huut

pele

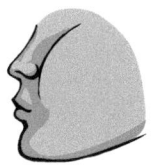

Back

bochecha

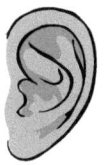

Ohr

orelha

Lipp

lábio

Mund

boca

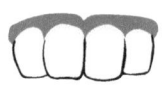

Tähn

dente

Tung

língua

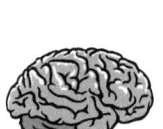

Bregen

cérebro

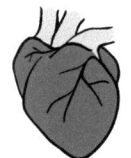

Hart

coração

Muskel

músculo

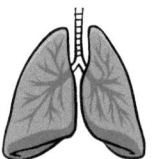

Lung

pulmão

Lever

fígado

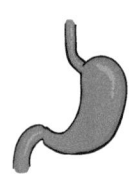

Maag

estômago

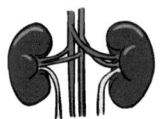

Neren

rins

Bislaap

relações sexuais

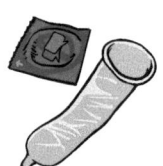

Kondoom

preservativo

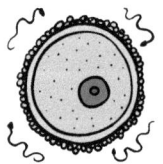

Eizell

óvulo

Sperma

esperma

Anner Ümstänn

gravidez

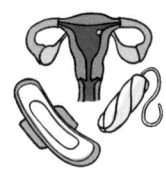

Menstruatschoon

menstruação

Scheed

vagina

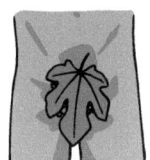

Pint

pênis

Ogenbroe

sobrancelha

Hoor

cabelo

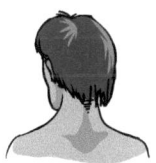

Hals

pescoço

Krankenhuus
hospital

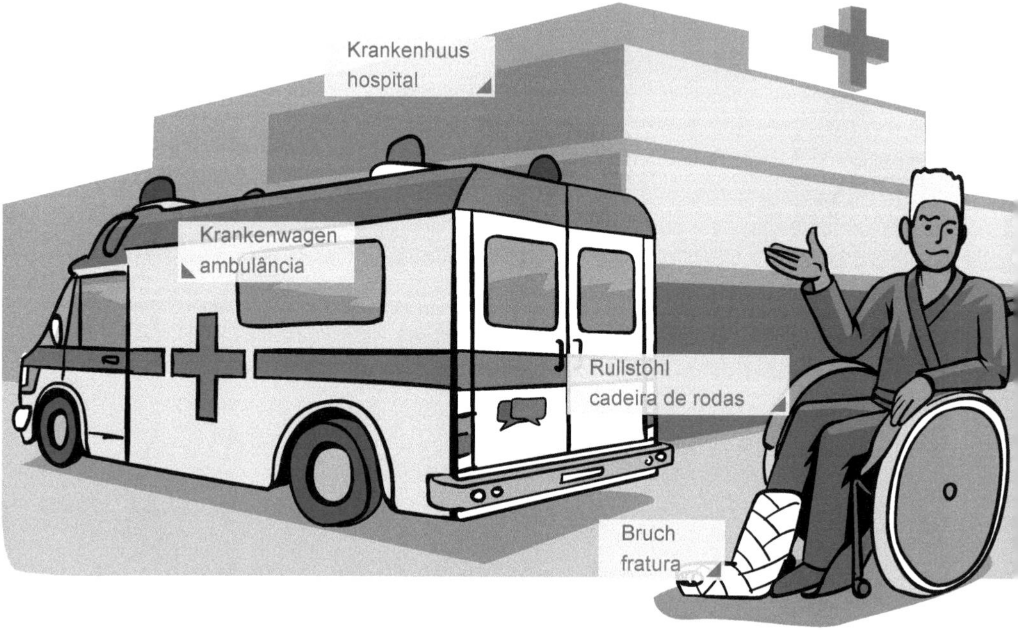

Krankenhuus
hospital
Krankenwagen
ambulância
Rullstohl
cadeira de rodas
Bruch
fratura

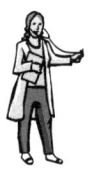

Dokter

médico

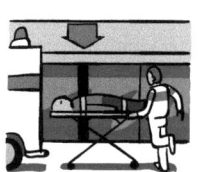

Nootopnahm

pronto-socorro

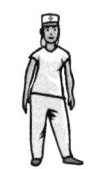

Krankensüster

enfermeira

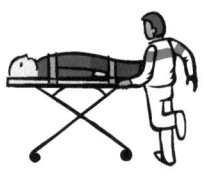

Nootfall

emergência

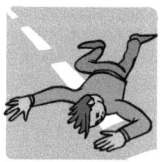

ahnmächtig

inconsciente

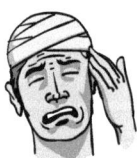

Wehdaag

dor

Verwunnen

ferimento

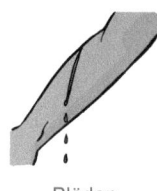

Blöden

hemorragia

Hartinfarkt

ataque cardíaco

Slaganfall

cidente vacular cerebral

Allergie

alergia

Hoosten

tosse

Fever

febre

Gripp

gripe

Dörchfall

diarreia

Koppwehdaag

dor de cabeça

Kreeft

câncer

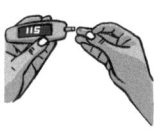

Zuckersüük

diabetes

Chirurg

cirurgião

Chirurgsch Mess

bisturi

Operatschoon

operação

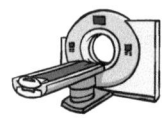

CT

CT

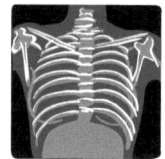

Dörchlüchten

raio x

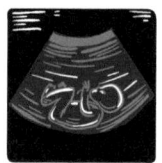

Ultraschall

ultrassom

Mask

máscara

Krankheit

doença

Töövruum

sala de espera

Krück

muleta

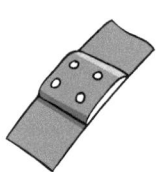

Plaaster

bandeide

Verband

ligadura

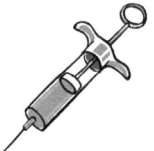

Insprütten

injeção

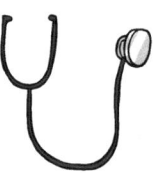

Stethoskop

estetoscópio

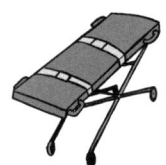

Draag

maca

Feverthermometer

termômetro

Geboort

nascimento

Övergewicht

excesso de peso

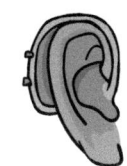

Höörapparat

aparelho auditivo

Kiemfriemiddel

desinfetante

Ansteken

infecção

Virus

vírus

HIV / AIDS

HIV / AIDS

Heelmiddel

medicamento

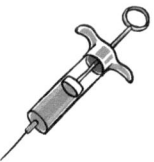

Impen

vacinação

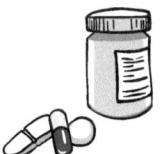

Tabletten

comprimidos

Pill

pílula

Nootroop

hamada de emergência

Blootdruck-Meter

dispositivo de medição de
pressão arterial

krank / gesund

doente / saudável

Hölp!

Socorro!

Alarm

alarme

Överfall

assalto

Angreep

ataque

Gefohr

perigo

Nootutgang

saída de emergência

Füer!

Fogo!

Füerlöscher

extintor de incêndios

Unfall

acidente

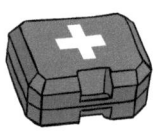

Noothölpkoffer

maleta de primeiros
socorros

SOS

SOS

Polizei

polícia

Europa

Europa

Noordamerika

América do Norte

Süüdamerika

América do Sul

Afrika

África

Asien

Ásia

Australien

Austrália

Atlantik

Atlântico

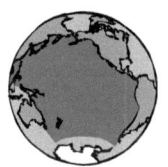

Pazifik

Pacífico

Indisch Weltmeer

Oceano Índico

Antarktisch Weltmeer

Oceano Antártico

Arktisch Weltmeer

Oceano Ártico

Noordpol

Polo Norte

Süüdpol

Polo Sul

Antarktis

Antártica

Eerd

Terra

Land

terra

See

mar

Eiland

ilha

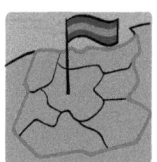

Natschoon

nação

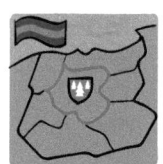

Staat

estado

Tallenblatt

mostrador do relógio

Stunnenwieser

ponteiro das horas

Minutenwieser

ponteiro dos minutos

Sekunnenwieser

ponteiro dos segundos

Wo laat is dat?

Que horas são?

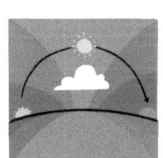

Dag

dia

Tiet

tempo

nu

agora

digetaalsch Klock

relógio digital

Minuut

minuto

Stunn

hora

Week

semana

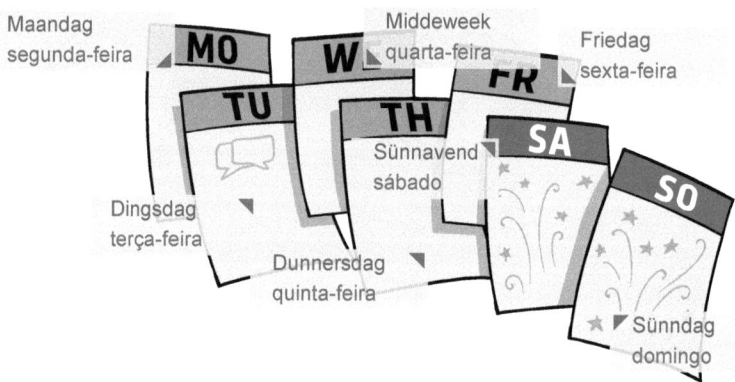

Maandag
segunda-feira

Dingsdag
terça-feira

Middeweek
quarta-feira

Dunnersdag
quinta-feira

Friedag
sexta-feira

Sünnavend
sábado

Sünndag
domingo

güstern

ontem

hüüt

hoje

morgen

amanhã

Morgen

manhã

Meddag

meio-dia

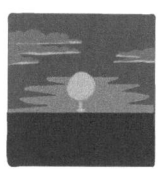

Avend

entardecer

Arbeitsdaag

dias úteis

Wekenenn

fim de semana

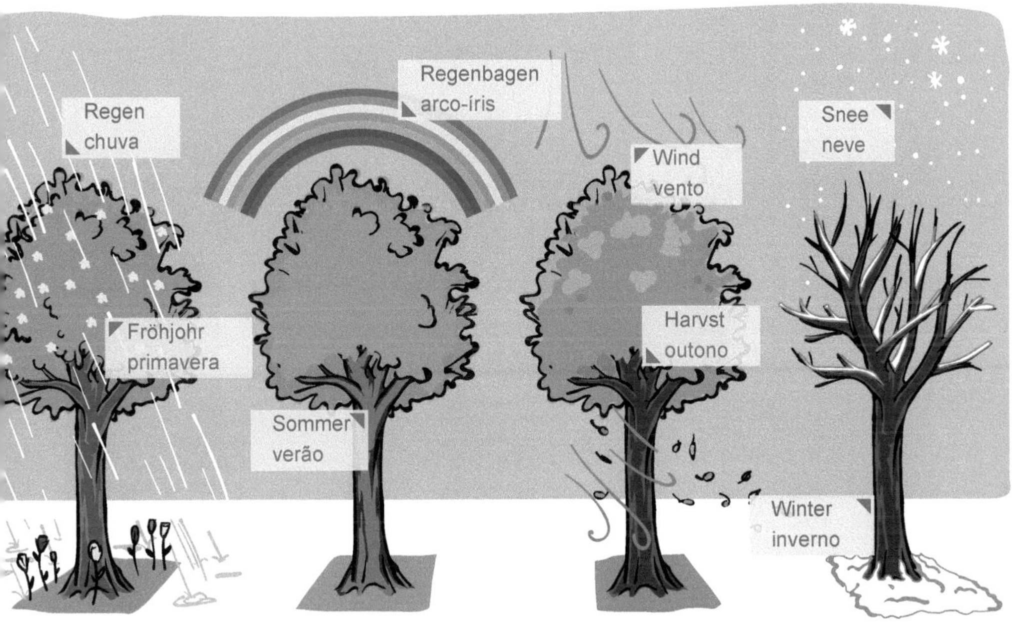

Regen
chuva

Regenbagen
arco-íris

Snee
neve

Wind
vento

Fröhjohr
primavera

Harvst
outono

Sommer
verão

Winter
inverno

4.APRIL	11°	☀
5.APRIL	4°	
6.APRIL	13°	
7.APRIL	8°	❄
8.APRIL	10°	☀

Wedervörhersaag
....
previsão do tempo

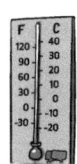

Thermometer
....
termômetro

Sünnenschien
....
raio de sol

Wulk
....
nuvem

Nevel
....
neblina / nevoeiro

Luftfuchtigkeit
....
umidade do ar

Blitz

relâmpago

Dunner

trovão

Storm

tempestade

Hagel

granizo

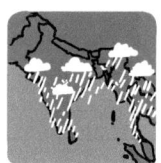

Monsun

monção

Floot

inundação

Ies

gelo

Januormaand

janeiro

Februormaand

fevereiro

Martmaand

março

Aprilmaand

abril

Maimaand

maio

Junimaand

junho

Julimaand

julho

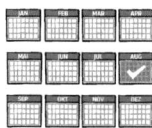

Augustmaand

agosto

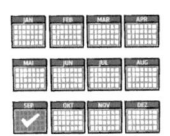

Septembermaand

setembro

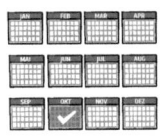

Oktobermaand

outubro

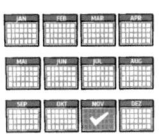

Novembermaand

novembro

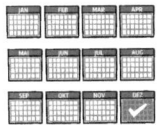

Dezembermaand

dezembro

Formen

formas

Krink

círculo

Quadrat

quadrado

Rechteck

retângulo

Dreeeck

triângulo

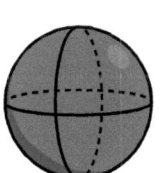

Kugel

esfera

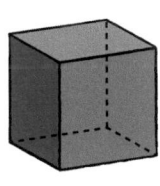

Wörpel

cubo

witt

branco

geel

amarelo

orangsch

laranja

pink

rosa

root

vermelho

lila

lilás

blau

azul

gröön

verde

bruun

marrom

gries

cinza

swart

preto

veel / wenig

muito / pouco

böös / verdreeglich

furioso / tranquilo

smuck / mies

lindo / feio

Begünn / Enn

começo / fim

groot / lütt

grande / pequeno

hell / düüster

claro / escuro

Broder / Süster

irmão / irmã

schier / schietig

limpo / sujo

kumpleet / nich kumpleet

completo / incompleto

Dag / Nacht

dia / noite

doot / lebennig

morto / vivo

breet / small

largo / estreito

geneetbor / nich geneetbor

comestível / não comestível

bôôs / fründlich

mau / gentil

fickerig / langwielt

entusiasmado / entediado

dick / dünn

gordo / magro

toeerst / toletzt

primeiro / último

Fründ / Fiend

amigo / inimigo

vull / leddig

cheio / vazio

hart / week

duro / macio

swoor / licht

pesado / leve

Smacht / Döst

fome / sede

krank / gesund

doente / saudável

nich na't Recht / na't Recht

ilegal / legal

klook / dummerhaftig

inteligente / idiota

linkerhand / rechterhand

esquerda / direita

neeg / feern

perto / longe

nieg / bruukt

novo / usado

nix / wat

nada / alguma coisa

oolt / jung

velho / jovem

an / ut

ligado / desligado

apen / slaten

aberto / fechado

lies / luut

baixo / alto

riek / arm

rico / pobre

richtig / verkehrt

certo / errado

ruug / glatt

áspero / liso

trurig / glücklich

triste / feliz

kort / lang

curto / longo

suutje / flink

lento / rápido

natt / dröög

molhado / seco

warm / köhl

ameno / fresco

Krieg / Freden

guerra / paz

0

null

zero

1

een

um

2

twee

dois

3

dree

três

4

veer

quatro

5

fief

cinco

6

söss

seis

7

söven

sete

8

acht

oito

9

negen

nove

10

teihn

dez

11

ölven

onze

12

twölf
doze

13

dörteihn
treze

14

veerteihn
quatorze

15

föffteihn
quinze

16

sössteihn
dezesseis

17

söventeihn
dezessete

18

achtteihn
dezoito

19

negenteihn
dezenove

20

twintig
vinte

100

hunnert
cem

1.000

dusend
mil

1.000.000

million
milhão

Engelsch

inglês

Amerikaansch Engelsch

inglês americano

Chineesch Mandarin

chinês mandarim

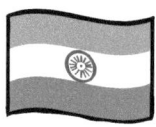

Hindi

hindi

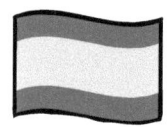

Spaansch

espanhol

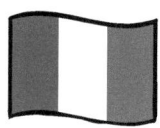

Franzöösch

francês

Araabsch

árabe

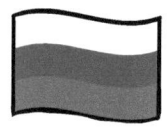

Rusch

russo

Portugiesch

português

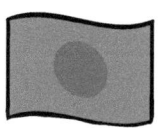

Bengaalsch

bengalês

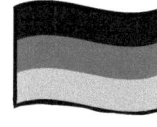

Düütsch

alemão

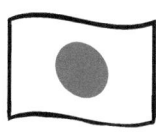

Japaansch

japonês

ik

eu

du

você

he / se / dat

ele / ela

wi

nós

ji

vocês

se

eles / elas

keen?

quem?

wat?

O quê?

woans?

como?

woneem?

onde?

wannehr?

Quando?

Naam

nome

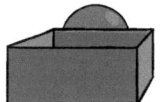

achter

atrás

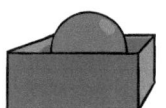

in

em

vör

na frente de

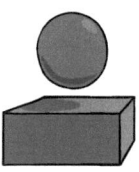

över

sobre

op

em cima

ünner

debaixo

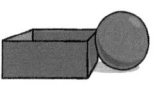

blangen

do lado

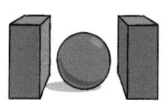

twüschen

entre

Oort

lugar